JN295765

昨日と明日の間《はざま》で

愛する人に思いをこめて

間 幸雄
Yukio Hazama

文芸社

あかるさはその人なりの
心の照明・正銘・証明の度合
であり人生の
水先案内灯でもある！
明日と言う字はまだこぬ
明るい日と書くことを！
人生の中で一番近い未来であり
誰もが不案内な夜道と同じ中で
憧れとなる！心の灯を持った人で
あって欲しい。
それには・
明るさで周りを照らす事
常に笑顔を絶やさぬ事
広い心でおおらかに過ごす事
昨日と明日の間の今日という日を大切に！

父からの贈り物——序に代えて

君に願いを贈ります。人生の反省の意味をこめて、人生の道標《みちしるべ》として。
悩んだ時、迷った時、心豊かな時の心の友として。

君は
何を悩んでますか?
何を考えてますか?
何を迷ってますか?
何をしようとしてますか?
何を伝えようとしてますか?

まずは動いてみることです。
動けば身体が、心が、頭が熱くなります。

この本は、先人達の知恵と知識と体験から生まれた言葉の寄せ集めにすぎません。しかし、一言一言が先人の汗と涙と努力を感じさせる貴重なメッセージであるといえます。私は、これらの言葉を消滅させては惜しいと考え、長年にわたって独自に記録してきました。

老若男女が一つ屋根の下で生活していた昔と違い、現在はお年寄りや先人の知恵に接する機会がほとんどなくなっています。生きる知恵、育てる知恵、癒す知恵……。今の社会においては、誰もが時としてジコチュウ（自己中心的）になり、人が本来持つべき心というものを忘れがちです。何か起きるたびに他人の責任にし、社会の責任にし、国の責任にしてはいないでしょうか。

それは、自己逃避型の無責任な人種が増えてきている証拠だと思います。儲け話があれば欲に駆られて我先に群がる反面、自分の知恵や知識は出し惜しみ、人を育てたり教えたり諭したりすることを忘れています。ただ目先の欲求だけを満たす行動に走り、自分が誰であるかさえも見失うような世の中です。残念で仕方がありません。

そこで私は、先人達の味わい深い言葉を一冊の本にまとめようと考えました。

本書には、埋もれさせておくのはもったいない、心打たれる言葉を収録しています。何を今さらと思われるかもしれません。「単なる言葉の羅列ではないか」と思う方もおられるでしょう。しかし、ここぞという時に、一体どれくらいの人が心を打つ言葉を発することができるでしょうか。それは忘却という宿命を人間が背負っているからだと考えます。

言葉はその時々の一瞬のフレーズに過ぎず、捨てることや忘れることは簡単です。しかし、使い活かすことはそれ以上に難しく、何倍もの試行錯誤と努力が必要です。人のためであり、自分のためでもあります。世界人類、環境のためでもあります。ここに記した含蓄ある言葉の意味を考え、じっくり味わってみてください。言葉として伝わることで、先人達の知恵や知識を多くの人に会得してもらえることを願っています。

本書に収録されているフレーズはすべて私自身が集めましたが、どれも先人達の言葉ですから、俗にいうパクリかもしれません。しかし、我が子を思う親の心として、どうかご理解をお願いします。

親に甘え、社会に甘え、自分に甘えている人が、若者ばかりでなく大人にも増えています。成長する過程において、親や社会の世話になるのは仕方ないとしても、世の中全体があまりに未成熟の時代になり過ぎています。

この本の中で一つでもいい、「これは！」というものが見つかったら、それを自分の目標にしてください。現在の自分がどう生き、どう世間と関わっていくか。自分を見つめ直す心の鏡として、これからの人生に大いに役立ててほしいと思います。

間　幸雄

昨日と明日の間《はざま》で――愛する人に思いをこめて●目次

第一章

成功への前進

人生にドキドキワクワク
自分の未来に
ドキドキワクワクしながら生きている人が
世の中にどれくらいいるだろうと思うこと！
人はできないことには興味を持たないし
近づきもしない！
この差は
気がつくか気がつかないかの、ほんの少しの差しかない！

無駄にしない一歩

何かをしてみたい！　と多くの人が思っている

しかしその何かがわからない！　と
身動きが取れない状態が続いている
止まっているままでは何かがわからない！
とにかく一歩を　勇気を持って踏み出してみること

多くの人は何年も月日を無駄にしていることを！

ゴール

人生ゴールを決めている人にとっては
道程は双六《すごろく》のようなもので
途中　いろいろなドラマがあるが
リタイアさえしなければ必ず
「あがり」に到着する
決めるが勝ち！
五年後、十年後の自分のために！

すべては類似現象である！

自分の人生を自分でコントロール
願うこと
信じること
思うこと
すべては類似現象であり
そうありたいの積み重ねが偶然を呼び
その偶然が必然となり
当然のごとく起こるべくして起ることであり
その一瞬、一瞬に一歩前の
勇気を持ってチャレンジすることである！

共通点

世の中の成功者の一番の共通点は……

自ら強くイメージできるものはすべて実現可能である

その時々にイメージできる小さな目標達成の積み重ねである！

美しい花は多くは咲かない
だから喜びや感動も大きいのである！
人生もまた苦しみや悩みがある
だから楽しみも大きいのである！

すこやかな時も病める時も
季節には四季があっても
人生には秋（飽き）がこないように！

何事も
自分が変わらなければ
変わらない
人、物、金、すべては自分の心の変化

私の心は屋台の屋根よ
いゝ、かわら　ないのを見ておくれ！

何事も楽しむ！

今、自分がやっていることを
楽しむことができる
それが大切なポイントである

目的や目標は
物事をやる時の原動力になり
自分のやっていることが楽しくなければ
それは苦痛でありストレスの原因となるから
楽しまなければならない！

山（人生）に登る途中でも楽しいし
山頂に着いても楽しみがある
下りる時もまた楽しい
そんな楽しみ方を
目標に気を取られないように
過程や今を純粋に楽しめる人であってほしいと願う

毎日に感謝すること！
相手の立場になって
常に前向きに努力すること
人を大切にすること
常識人であること
節約を心がけること
健康に気をつけること
目的、目標を常に持つこと

人生

せっかくの人生
真っ白なキャンバスに
自分らしい
自分しか描けない絵を
描いてほしい
オンリーワンである

道元の言葉

発心《ほっしん》　正しからざれば
万行《まんぎょう》　空しく施す

人生を歩いていく出発点において
根本のところが間違っていたら
何をやっても無駄だということ

エジソンから学んだこと

一つのことに集中し
他人の評価を気にしない生き方である

時というもの

時が人の心を癒す
時を無視することはできない！
焦《あせ》りや怒り、不満、絶望が心を駆け巡る
「静座して躁《がさつさ》を医《いや》す」
本当に時を自分の味方にした人は
生きてゆくのに余計なストレスは背負わない！

青　春

青春とはなんだ
それは何事も徹底的にやってみること！
思いがけない世界が広がってくる
天は自ら助くる者を助くである
二度とない青春、悔いのない人生を
大きな青空のキャンバスに
自分の願いをこめて夢を一言！
夢は見るものではなく日付つきの
叶えるものである

絵に描いた餅

凡人は
絵に描いた餅は食えないと言う
どうしたら食えるだろうか?
それには念じることである!

夜、寝る前に念じ
朝、起きたら確信すること

実行実現は無言の雄弁である!

映画「タイタニック」を見て思うことⅠ

船の大きさとスピードに対し、舵が小さ過ぎた！
緊急操船ができずブツカッタ
いろいろなミスが複合的に発生した
人為的事故でもある
設計上のミス（船会社のミス）
情報確認のミス（船長のミス）
連絡リレーのミス（乗組員のミス）
経済政策上のミス（営利のミス）

人生一人では！　何もできない虚しさ

映画「タイタニック」を見て思うことⅡ

日本経済がなぜ失速したか?
船は舳《へ》先《さき》がトガッテイルほど、水を切って速く進むことができる。
その理論から考えると、日本社会が平均化（フラット化）し、
日本丸という船の舳が△形でなく□形になってしまった。
これによって水の抵抗が増し、船のスピードが落ちたものと思う。
やはり社会、経済の組織はピラミッド型でなくてはダメと私は思う。

気をつけるべきは天災より人災なり！
人事を尽くせ、天事を侵すな！
聖人は心静かに我が道を行き
道を守って怠ることがない！
判断を狂わせるものは
心の乱れにあり！

心と思い

自己満足は自分をごまかし他を誤らせる
君主は舟で、民が水。浮くも沈むも水次第

たとえ、千、万人だろうと

人の心を掴むには
自分の心に問うてみればわかること！

言葉を大切にするには他人を大切にすること
と、似たり

真の強さ

真とは芯に通じ
中心が揺らぐことなく
貫ける！
心の余裕と日々の努力と
探究心の賜物である！

風見鶏（風向計）

風見鶏とは
人をよく言わない言葉であるが
アゲインスト（向かい風）の時は、
抵抗を避けるための最善の形である
ヨットのフィンスタビライザーは、
自身が転覆しないためのバランサー
生きるための大切なものでもある！

これからの時代は
電子マネーの時代となる
この時代を生きるためには
セルフコントロールが
できるかできないかで
自分のライフスタイルが
決まる時代となる！

長い人生においては
失敗は誰にでもある
その時に、どのような取り組みをし
乗り越えていくかが、
その人の人生を大きくも小さくもする
流れに乗ることも、また流されないことも大切！
ケ・セラ・セラである

不足と欲望の過ち

未熟者とは……
杉の木の子供は動物に踏まれたり、風に倒されたりするが
この小さな杉の木は完璧に杉であり
ただ小さいだけ
それが、やがて大きな杉の木になるだけのこと！

あなたのいるところが光り輝くために！
太陽はあなたです
あなたの住む場所を、照らすも、あなた次第です
相手に照らしてもらうのではなく
あなたが明るければ
人は自ずと明かりを求めるもの

変わること、変えることの奏功

人は人を変えることはできないし
人の波動を変えることもできない
自分を変えることができるのは自分
自分の波動を変えることができるのも自分
自分を幸せにできるのも自分
あなたが人を幸せにできるとしたら
まず、あなた自身が幸せになること！

あなたが豊かな波動を出して
あなたが豊かな心を持って

あなたがこの波動と心と共鳴して
あなたが豊かさを呼び寄せること！

これが楽しく生きる人生へ
変わることの奏功です

見分ける目を

山には山の良さがあり
海には海の良さがあることを
その場その場で
そこの良さが見つけられない人は
幸せになれない！

幸せになれない人は
社会の問題にして
家庭の問題にして
仲間の問題にする

今の自分自身の問題であることに
気づいていない
そんな人である！

あなたは自分に
毎日心にも栄養を与えていますか？
目標に近づく道標をいくつも持つこと
次へ次へと前進する栄養を！

人間は生まれてくる時は！

裸で生まれ
死んでいく時は
その肉体すら手放さなくてはならないのです！
そんな自分に　君は何を
思い、考え、願いますか？

困った！　こと

そのことをゲームとして
楽しんでしまえばいいのです
そうすれば、あなたの目前に起こった問題も
楽にクリアできるはず！

イソップ物語という本

この本は必ずや物語としてではなく
自分や子供の将来に
役立つ本であると思います
人生の書として読んでみては
北風と太陽、　ｅｔｃ……

人の心というもの

いつの時代でも
人の温かい心というものに変わりはないはず！
ただそれは
あなた自身の心の持ち方次第で
変わるものです！

人間は自分の
目標、目的を目前にすれば
どんな苦難にも耐えることができるもの！
それは自分の
喜び、楽しみ、未来が目に見えるから！

ユダヤの教訓

人は転ぶと石のせいにする
石ころがなければ坂道のせいに
坂道がなければ、履いている靴のせいにする！
石、坂道、靴は人間そのものである
人間は自分の責任を自分のせいにしたいとは思わない
常に自分を正当化したがるものである！

考えているということ！

いつも考えていると
必ずこれという何かが見つかるものである
この考えることは
いろいろなものに共通するものでもある！

第二章
人生を楽しく生きる方法

人生に歴史あり

二十代　愛
三十代　認め合い
四十代　惰性
五十代　あきらめ
六十代　いたわり、思いやり
七十代　感謝
八十代　奉仕

人生の格言「おいあくま！」

お——おこるな
い——いばるな
あ——あせるな
く——くさるな
ま——まけるな

目先バカにならぬこと！

個人のリストラ　三条件

一、自分の生き方、目標の改革

二、収入に対する支出の革新

三、今、何をしなければならないか?

勝者のポイント

サンコン

コントロール（制御）

コンセントレーション（集中）

コンフィデンス（自信）

人生成功の秘訣

六無訓

一、夢なき者に理想なし
二、理想なき者に信念なし
三、信念なき者に計画なし
四、計画なき者に実行なし
五、実行なき者に成果なし
六、成果なき者に幸福なし

現実の自分より理想の自分！

バランスのよい生き方

時間がない
仲間がない
収入がない
価値観がない

すべて作ればいい

この四つの「ない」が
現在の自分を「仕方ない」にしている
すべてこれからの脱皮である！

チャレンジ！

限りある人生の中で
限りない生き方をしている人もいる
チャレンジは人生を豊かにし
大きな愛と感動とエネルギーをもたらす
やればできる！　の精神で……
夢は必ず叶うもの！

変化する勇気

「人生は芝居の如し」という言葉がある
人生はドラマであり
自分の人生は自分自身が主役である
主役をやるか脇役をやるかは人に決めてもらうものではない！
自分が本当に望んでいる役を自分が演じればよい！
問題は何にチャレンジするかである！

現代版「風林火山」

風——北風よりも南風を吹かせ！
林——情報は林の静けさのように冷静になって選択せよ！
火——炎にも赤、青、白といった色の燃え方がある
山——人が仰ぎ見る山になれ！

すべては人の心にある！

「風」とは

イソップ物語の『北風と太陽』を思い出せ！
風は空気の流れによって起きる、気というものの強さを知ること

やる気、根気、元気
すべては心の持ちようで変わるもの！

「林」とは
人の話を静かに聞きなさい！
人は自然の中にこもると心は自ずと冷静になり
物事を大局的に見ることができる
林に樹木や草花の成長を促す情報の大地を思え！

「火」とは
常に燃えろ
しかし一人一人に燃え方がある

人を燃え上がらせる炎を作れ！
そうすれば自ずと自分も燃えてくる
燃える一日　ロマンの人生であれ！

「山」とは

人に仰ぎ見られる山という人になり、ファンを増やせ
山が高ければ高いほど天の恵みを受ける
この恵みが登り甲斐であり、
難しいものにチャレンジし征服した時の喜びは大きい！
この努力は信念という山のように動かざるものである！

四くばり（欲張り）

一、目くばり
二、気くばり
三、耳くばり
四、金くばり

まったくの亡者になるな
勇者になれ！
世の中、人・物・金が動かなくなると最悪である

「目くばり」
身の回り、身だしなみ、他人の行動、作法に気をくばり
常に反省することである

「気くばり」
自分がされたらいやだ
自分だったらこうしてほしい

「耳くばり」
相手の話や周囲の会話にも気を遣え
その中に必ずヒントが
ましてや仕事ならなおさら

「金くばり」

気前よく派手にやれというのではない
生きた金を使えということ
ケチではなくきれいな使い方を学べ
貧すれば鈍すである！

明道は暗きが如し
心にともしびを！

いつも通っている道は
知っているとの安心感でつい気を抜いてしまう
そのことへの注意！　警告！　である

時というものは常に変化している
どんなに知識や技術を持っていても
時間の流れは変化していることを念頭に置き
行動すれば失敗しない

昨日は昨日
明日は明日である
今日という日を
大切に！
愛する人のために

夢枕の我が母

私が悩んでいる時に
夢枕に母が出てきた
「私は小さい、でも心まで小さくなったことはないよ！」
――と一喝された

人の心の中には悪魔が住んでいる

この悪魔に注意！
そうすれば人生の苦しみから逃れられる！

一、恨みを持つな
二、僻みを持つな
三、妬みを持つな
四、弱みを持つな
五、嫌みを言うな

この「五み」に気をつけろ！

身のほどを知れ！

人としてやらなければならないこと

一、我慢すること　お金にからむこと

二、守ること　約束にからむこと

三、乱さないこと　社会生活の中での自己責任

願い

両親からもらった生命を何よりも大切にすること。
美しいものと醜いものを感じ分ける心と、
怒りと感動のある人生を追求すること！
自分と他人の人権を思いやること。
自分の良心に反することはしないこと。
未来への希望と自分の志を実現する努力を怠らないこと。
そのためにこそ勉強もし、遊びもし、
大いに楽しむことのできる人になること。

心がけ三点セット

一、大和心《やまとごころ》を大切にしよう

思っていること、言っていること、していることを常に一つにし、相手をより知っていこうとする喜怒哀楽

二、笑顔で

人は事が起きた瞬間の反応の仕方の中に性格が表れる

三、能（悩）天気に過ごそう

のんきなことである。のんきは「呑気」とも書くことができる

いつでもすべての人の気を呑みこめるほどのたくましさ、
優しい考え方のことでもあり、
すべてを甘受し、人に嫌な気を起こさせない愛の持ち主

心

言葉とは
人を育てる
宝の山である！

言わぬ心、言う心、同じ心であるならば
たとえ我が身がつらくとも
人が育てばいいではないか！
同じ轍を踏ませぬように！

ものの考え方

動くということは摩擦によるもの
摩擦のあるところに物が動き人も動く
摩擦のないところでは物も動かず人も動かない
摩擦を恐れるな！

動くということ！

摩擦があればこそものは動く！
陸、海、空、そして人も
抵抗を恐れずに自分が動けば
それにつられてすべてが動き出す

（フレミングの法則を考えよ！）

世の中、すべてのものに！

摩擦や抵抗があって動くのである
また止まることもできる
このエネルギーをどのようにして
あなたの人生のエネルギーとして活かしますか？

「変える」は「蛙《かえる》」につながる！

飛んだり休んだりしてみることである！

人生ゴルフと同じ

日本プロゴルフ協会（The Professional Golfers' Association of Japan
略称ＰＧＡ）がある
ＰＧＡはこうも読める

Ｐ――ポスチャー（姿勢）
自分の考えのスタンス！

Ｇ――グリップ（握り）
自分の財布のスタンス！

A——エイム（狙う）

自分の目標へのスタンス

これがすべての基本と考えよ！

生きる喜び
自然と共に生きること
あせらず！
あわてず！
あきらめず！

人生の貯金とは体験である！
その利息は感動である！
人はいつかは老いる！
しかしそれを決めるのは、その人自身の考え方次第でもある
人生は楽しく、おかしく、ユニークに！
人に迷惑をかけない人になってほしい

人生、明るく、楽しく

愛とは、分け与えるものである

清く、正しく、美しく

心の財産であり、運命は己が胸中にありといいます。

受け止め方次第でどうにでもなるということを思うこと！

双《すご》 六《ろく》

人生とは双六である
自分で作る　目に見えない
絵のない双六である！
スタートはあるが
あがりは自分で決める！
人生旅行でもある　さて君は？

三つの体験

大きい体験
中くらいの体験
小さい体験

体験に大小はないはずだけど
体験した人が大きな感受性、感激を持って受けとめれば
大きな体験となり
何気なくやっていれば小さな体験となる
この差が将来において
大きな差となることも事実である

真の体験

自らが体験して得たものは
単なる知識や理論で覚えたものとは違う
いつまでも自分自身のものとなる
そして、如何ようにも応用が利く
これが生きた人間の知恵となるはず！

禅の心は
善の心に通ずる
物事は
善きに考えれば
良い方向へ進む！　もの

弘法大師の言葉

古《いにしえ》の人は
道の為に道を求む！
今の人は
名利《みょうり》の為に道を求む！
名の為に求むるは求道の志にあらず！

音楽は
人の気持ちを
やわらげる！

何事も
肩の力を抜いて
手を抜くな！

君は
いつかの……？
あふれる、熱い！
感動！　悲しみ！　幸せ！　の
涙を、忘れていませんか？

アメリカ人にとって
優れた人生の教科書の一つは
ベンジャミン・フランクリンの自伝だと
いわれている

自伝の中で「十三の徳」を唱えた
節制　沈黙　規律　決断
節約　勤勉　誠実　正義
中庸　清潔　平静　純潔
謙譲

あなたは？
本当にそれで困るの？
そんなことないよ、大丈夫だよ
今までも乗り越えてきたのだから
私は、あなたのことを信じています

物事を否定的にとるか
肯定的にとるか
そのへんの違いが
人生を左右するのです

バランス感覚

寒くなったら厚着する
暑くなったら薄着する
これが宇宙の法則でもある
人の生き方の基本と手本！

桃太郎の考察

犬――友を表し
猿――勇気を表し
雉《きじ》――知恵を表し
鬼――災難を表し
文学は人生の土台であり
明るく、素直に、暖かく

水の不思議な力

心は水のように
外見は掴みどころがなく軟らかくも感じるが

水の一滴が、波の力になり（努力）
水の一滴が、川の流れになり（継続）
水の一滴が、雨の執念になり（勤勉）

この一滴になりうることが
大きな目標と（岩を砕く）力になる！

笑いと苦しみ

笑いの陰に、人に涙だ
涙の陰に、人に笑いが！
人の苦悩がわかるということが！
本当の笑いであり
心から笑える人に！

笑うということ

どんなに辛くとも
どんなに苦しくとも
どんなに悲しくとも
笑っていることである
顔で泣いても心で笑っていることである
いつかは……と笑う門には福が来るのである

ちょっとひと休み

私はこの本を書くにあたり、当初は我が子のためにと長年にわたり言葉を収集していましたが、年月を経るにつけ、貴重な言葉がたくさん集まりました。我が子だけに読ませるのはもったいない！　世の若い人、悩める人、目的を持つ人達に、今を生きている実感と喜びと充実感を本当に自分のものにする工夫を、この言葉達より汲み取ってほしいと願い、いろいろな方々の貴重な経験や体験を通じて生まれた言葉をメモしただけですが、一つ一つの言葉に感銘を受け、どれだけ自分の力になったか、言葉に言い尽くせないほどです。

いつの日も　人を思う心

いつの日も　人の幸せを願う心
いつの日も　人を助けたいと思う心

この心というものを短い言葉で形にして、自分の心の片隅にとどめておいてほしい！

今を生きる世代の環境を考える時、

多くの人が目的を失い
多くの人が希望を失い
多くの人がやる気を失い

ないない尽くしの毎日を送っています。

しかし、自分自身の考え方、見方、動き方によってそのことすべてが変わり、自分の立場や周りまでが変わるのも事実です。

この変わることがすなわち変化であり、人は変わらないが、自分を変えることは簡単。

良くするのも悪くするのも自分次第。明るくも、暗くも、楽しくも、不愉快にも、すべては考え方一つで変わるもの。

自分の生まれた環境は変えられないことも事実です。しかし、自分の住む環境は選ぶことができるのもまた事実であり、そのためには躊躇することなかれ!

君は朝起きた時、どうですか?

気持ち、やる気、体調は?

どうですか? 人というものはすべて、その日の予定がハッキリしていると、それなりに心が体が気が自然と活力を与えてくれるものです。それにはともかく、前夜に「明日は?」と考えを巡らせることであり、

自分の行動に、
何の目的のため！
何の考えのため！
何の行動のため！

と、シミュレーションすることです。それもプラス思考を取り入れた内容を盛りこみ、その成果を思い描くことが大切です。そうすることによって、その日が一日中、充実した笑いの日となるのです。

この本のタイトルにある「昨日と明日の間《はざま》で」という言葉の意味は、昨日の苦しみ、悩み、弱みを明日に残さないために！　その昨日と明日にはさまれた今日という日を、いかなる、

考え方！　見方！　取り方！

で過ごすかは自分次第であり、それによってどのようにも変化するものです。他人の行動に左右されない強い自分、信念のある自分、柔軟な

心を持った自分を見つけることにもつながります。
昨日があればこそ明日があり、昨日と明日があればこそ、その間に今日という一日があるのです。間にある今日を変えることが大切ですよーっという意味をこめ、タイトルとしました。

昨日と
明日の
間で！

第三章

お金と仕事について

本人のヤル気と工夫

頑張る人とは！
自分を信じ理想と現実をはっきり見据えてやりぬくことのできる人
過去や現在の自分でなく
自分の中に住んでいるもう一人の自分を見つけること！

人の行く道の
裏に道あり
花の山

他人と同じことをやっていては、いつまでたっても差はつかない
リスクという大きな負担を乗り越えてこそ
人生の勝利を掴むことができる
リスクは漢字で書くと「利好く」であると考えよ！

人生最後に笑った者の勝ち！
殻を破る勇気に乾杯！

花の山

チャンスはいくつもあるが
チャンスは来るものではない
チャンスは自分で掴むもの
チャンスは目で耳で鼻で肌で
感じ取るもの
すべては心という第六感のままに

人生はラグビーボールと同じ

チャンスは一度逃したら
どっちに転ぶかわからない
掴んだチャンスは離さず
ただ突進あるのみ！

雑事とは
本当はその人が
雑な心で仕事をするから雑事となる
それが雑事でもある！

うまくいかない時は変えてみよう
それには分析と修正が第一
うまくいく時は続けてみろ！

人というものは、試練に耐えることには弱いものであるが、
自分の目的を持って目標に進んでいる時は、
試練もまた、楽しみにすり替えることができるもの。
それは進歩という充実感が自分の身体の中で芽生えてきた時に、
初めて実感できるし、うれしさも倍増するものである。

目標を実現するためには

時間のヤリクリ
行動のヤリクリ
段取りのヤリクリ

運呑根《うんどんこん》

運とは天地人の運！
呑とは呑む、呑みこむ運！
根とは根気を呼びこむ運！

運は天の恵み、地の恵み、人の交わりである
呑は人の気というものを呑みこむ大きな心である
根は根気、やる気、元気という体内からみなぎる勇気である

生きがい

自分が今やっていることを
楽しむことができること
それが一番である！

楽しくなければ苦痛になり
ストレスになるものだ

夢を実現するか、しないか

世の中の大半の人は途中であきらめ、
一握りの人だけが、あきらめないで突き進む人であり、
成功する人でもある！
夢には、必ず日付を！
いつまでにやるか、
それが近道である。

七転八起

転んだら、立てばいいではないか！
子供は、苦もなく自然に、当然に立ち上がるのだ
なぜ
大人は立てないのだろう？

段取り八分ですべてが決まる！

一日二十四時間　老若男女　皆同じ
千里の道も一歩から
継続は力なり！
初心忘るべからず！
全力を尽くせば必ず道は開ける！
相手の喜びを自分の喜びとすることができれば
すべての努力は報われる！

艱難辛苦《かんなんしんく》を
乗り越える！

これじゃいけない
前向き、前進
日々改善

搬柴運水《はんさいうんすい》　不容私《わたくしをいれず》

余計なことを考えず
柴を担ぐ時は無心に柴を担ぎ
水を運ぶ時はひたすら水を運ぶことに専念すること
よい仕事をするには
私心を交えないこと！
という意味である

リーダー

人はどうすれば自分について来てくれるのか？
それには相手を感動、感心、感激させる
自分の人間的魅力の発見である
人が動くのは欲望か使命感によってである
欲望は手に入ると終わるが
使命感は無限に続く
これをコントロールすることができる人が
本当のリーダーとなり得る！
また、それは結果であると同時に結果でもない
如何にその結果に　納得したかが

本当の答えであり
結果ともなる！

名選手、必ずしも名将ならず！

これからの時代に求められるリーダーとは、
名選手ではなく、リーダーとしての器のある人である。
経験や功績が名選手を育てるが、
リーダーには、素質と風格と人望が求められ、
熱き心が問われる時代である！

分をわきまえてこそリーダーであり
平等は不平等の中にあり

人間の差は生きる過程にあり！

リーダーとは！

部下に期待をかけ過ぎるのではなく
部下達をやる気にさせ
チームに勢いをつけることこそ
優れたリーダーの仕事である

よく戦う者は
勢《せい》に求めて
人に責《もと》めず！

あなたは？　後に続く言葉を知っていますか？

井の中の蛙、大海を知らず

……？

……？

……？

「されど天空の深さを知る！」

（一つのことを極める大切さ――であると思います）

ピグマリオン効果

若い世代は「先楽」世代である
先に楽しみを与える
期限をきちんと伝える
仕事量を決める
お願いします、任せます、信じます

相手にある期待を抱くことにより発生する
方向の変化の現象を
心理学の世界では
ピグマリオン効果という

好きなこと

目的、目標、達成感……があれば
何をすればいいかがわかるはず
好きなことを毎日少しずつ
そうすれば、ヤリガイが生まれ
今やるべきことがわかり
それを信じることもできる！

磁力と魅力

人もお金も磁石のようなもの！
それは磁石という、自力でもある
自力のあるところには吸い寄せられるし
砂鉄がだんだん大きくなって
いつのまにか金のかたまり
そして魅力を輝かす

自力（磁力）が弱ければ
寄ってもこない
それは人の磁力、魅力でもある

成功する！　ということ

成功したその人にだけ
通用するものであって
他人には理解されても通用はしない！
自問自答の連続である
世の中、すべて裏表で
昼があれば夜もある
自由があれば義務もある

経済の達人

働くとは
傍《はた》（他人）が楽になること
経済を勉強するなら
経済の元締めである銀行法を学べば良い！

財産

土地や株は買わず
宝石や金を買いなさい
流行に流されないから
ダイヤモンドは十年前でも
一カラットは一カラット

会社を潰す三つの無駄！

在庫の山
遊んでいる機械
広々とした場所
すべてはマイナスの波動を発する！

伸びる！　会社

三十代が元気である
風通しがいい
人に好かれている
手柄も、仕事も
周囲に上手に振る人で
振り上手な人がいること

価値！　ある違い

人とクルマの違い
人のアクセルとブレーキは逆についています
必要な　ものにはお金を出さないが
必要のない　ものにはお金を払うのです

お金の　ない人はお金を使う
お金の　ある人はお金を貯める
君は？
この価値ある違いが、わかりますか

人生を長続きさせる法

利益は少しでも良い
少し儲ければ頑張れるし
夢も持てるし
長続きする
それには、日々の努力と工夫とアイデアがポイントです

退職すると変わるもの

一、収入が変わる
二、つき合いが変わる
三、生活環境が変わる

変わることに生きがいを感じ、楽しみとして、
ゲームとして、気楽につき合うことである！

仕事のポイント

ホウレンソウである
報告、連絡、相談

会議のポイント
議題のポイントの明示
意見、評価、結論

仕事を依頼する時

その仕事はどの程度の状況のものか?
その内容を知らせること
そしてどの程度で処理するか

常に5W1Hで考えること
人(Who)、物(What)、日時(When)、
場所(Where)、理由(Why)、金(How much)

初め良ければすべて良し
プラン・ドゥー・シー・チェック

計画　実行　確認　修正
この手順で取り組めば
必ずや何事も満足のいく結果が得られる

リストラの三条件

一、企業体質の改革
二、経営構造の革新
三、社員の意識改革

これが基本であるが、今の経営陣は目先の目標のみで
能がなさ過ぎる。これではノーである！

最善の努力を！

ＤＩＰＳ（Double IP System）

知的作業者のための生産性向上システム。

オフィス現場の大幅な生産性向上を実現する作業分野。

正式名称は「Increasing Productivity of Intellectual People」。

行動基準の十則

一、方針や施策を十分にわかるまで説得し、理解させ、必ず実行させる。

二、自ら、今すぐ行動を起こせ。実践あるのみ！

三、現状に決して満足するな。過去の経験や実績に固執せず、常に改革にチャレンジ！

四、できない、無理だと言い訳をするな。できる方法を、困って困って困り抜いて探し出せ！

五、摩擦を避けるムードをなくせ！　なれ合いになるな！仲良しクラブは作るな！

六、すべての原点には、一日一日の細かな注意力が大切である

七、必要以上の会議や、学者のような理論武装はまったく無用。
そんな時間があれば現場に戻れ！
八、言い訳作りに時間を費やしても何にもならない。
九、情報収集と自己啓発に全力を尽くせ！
世間は刻々と変化していることを知れ！
十、決定したことは早くやれ！　今までの倍のスピードで
行動しなければ、決して生き残れない。

熱意をこめてやろう！
やれば熱意が湧いてくる
やればできる、やればできる
人生一路である！

理想の仕事とは

社会が必要とする事業をせよ！
自分が惚れこむ事業をせよ！
利益は後からついてくる
格好つけた先行投資はするな！

自分らしく
Be myself!
熱意と努力　燃える一日
浪漫の人生！

ビジネスの特徴とは

自分で築き上げたビジネス
忙しいが
結果が　わかっていることについてはストレスは溜まらない！
リーダーであればこそ
自分自身が熱く動くことである

訪問販売

熱意をこめてやろう！
やれば熱意が湧いてくる！
やればできる！　やらねばならぬ！
訪問販売！　訪問販売！

何事も

備えあれば患《うれい》なし
その時を予測して必要になるものを準備しておくこと
人、物、金
貯める努力を惜しまぬこと！

伝記本の威力

これからの若い人にモチベーションを持たせることのできる言葉と内容は、伝記という世界にあります。ひたむきな努力と、目標設定と、プレッシャーを乗り越えて達成した偉業の実録であることが、読者の将来の夢と希望、可能性、憧れを刺激するのです。まぎれもない実録に接すると、読者はそこに自らを重ね合わせ、相似という何物にも代え難い印象を受けて、自分の現実を断ち切ることもできます。幾百の言葉や説教を聞くより、はるかに大きな影響を与えるに違いないと信じます。

成功者の日々の努力に乾杯！

発明は

一、夢と（ロマン）
二、資金と（かばん）
三、信念と（虎視眈々）

成功に導くものは
才能でも努力でも苦労でもない！
自身のやり方、考え方次第で成功するものであり
方法論というものはない！

第四章

人間関係を円滑に

あいさつの三本締めをする時に
一本目——お祝いの言葉
二本目——感謝の言葉
三本目——希望、願いの言葉
そうすることで場が締まるものである

すてきな人生であるために
意識的に相手をほめ
優しい言葉をかけること
自分が変われば
大切な人も変わるはず！

情けは人のためならず
されど時には
仇をなすこともある

情けというものは
人のためだけではなく結局は
回り巡って自分のところへも来るもの
ということです

情けは本当に両刃の剣です！

人との結びつきは
馴れ馴れしくならず
事あるごとに丁寧に心を伝え合おう
無理せず、自然体のおつき合い
詫びる時にはキチンと詫びる
愛情にも意思と努力が要る

人との出会いは第一印象であり
六秒で決まると言われている
その内訳は
外見が八十パーセント
声のトーンが十三パーセント

人格が七パーセント
つまり第一印象のほとんどは外見に因るもの

そこに笑顔があるか
笑顔がないか
それが大切なポイント！

人間関係

縁から始まる
大切にしないと人間関係はなかなか作れない
最初の出会いを大切に

縁尋機妙《えんじんきみょう》

何でも真剣になって勉強している
いろいろな本が何千冊も並んでいても
それに関する書物は必ず目に映る
本気になって人材を求めていれば
いつか必ず大切な誰かに巡り会える

人に好かれる人とは

悪口を言わない人
清潔感のある人
気取らない人

人間はおもしろいものである！
一人ではできないことでも
二人でやれば可能となる
二人でできないことも三人、四人でやれば可能となる
それも
一人一人がやったことの

三人分、四人分よりも
はるかに大きい成果を
生み出すことができる！

ユダヤの諺

耳は二つあるが
口は一つしかない！
だから口の二倍は耳を
使わなければならない！

オアシスの心

オ――おはようございます
ア――ありがとう
シ――失礼します
ス――すみません

挨拶はいつでもどこでも人の心を開くもの！

私の太陽
それは
あなたの笑顔にあり！
人は足らざるが如し！

思いやり

言葉の前に心あり！
言葉の後に行動あり！

おたがいの言葉と心を
どのように受けとめるかによって
つき合いの関係は大きく変わってくるものである！

言葉が心である！
ということは
思いやりを持つ
という気持ちである！

思いやりの言い方三原則

肯定的に言うこと！
明るく言うこと！
わかりやすく言うこと！

人は、苦しみや悲しみの多いほど人に優しくなれる
それは人の痛みがわかるから
また、このことを分からない人は
若いうちに早く経験することである

人生、生まれながらにして
皆平等であるから
年老いてからの痛みや悲しみは
耐えられないことも事実である

どんな小さなものでも人のものを盗るな
ましてや、だましてはならない！
必要な時は相談して相手が納得してからにしろ
少しでも理解しない時はあきらめろ！
特に利害関係にある時は、要注意と思え！

人生大切なことは
ほめられたことよりも
怒られたことを大切にすることである

これが自分の将来を大きく変える

人間関係を維持する五大法則

一、軽諾は避けるべし
二、多弁は戒めるべし
三、人には寛容を旨とすべし
四、接触を密にすべし
五、礼を忘れず重視すべし

説得と交渉の五大法則

一、相手の泣きどころを発見すべし
二、自尊心を揺さぶるべし
三、相手の意表を衝くべし
四、相手の利益を衝くべし
五、粘り強く働きかけるべし

すべては、相手を思う心から！

人の価値

相手が苦境に立たされている時に
どうやってその人に接するか？
で、人の価値は決まる！
ただ、一時の同情は後で両者が悩むことになる！

言葉の剣《つるぎ》の使い方

あなたは日本刀にしますか?　それとも洋刀にしますか?
日本刀は峰打ちができます。
洋刀は両刃の威力が発揮できます。
和の思いやりと洋の現実的な……。
両者の剣の使い方を、時と場合に応じて使い分けできますか?
剣の達人よりも権の達人になってほしい。

今日を　良く言い
明日を　悪く言う人の口！
（他人を信用するなということ）

有徳ということ

相手に徳を取らせるのが
献身、真心、愚直
優越感も持ってはならない
無償の行為である!

心！

言わぬ心！　言う心！

同じ心であるならば、人を育てる心が欲しいもの。
たとえ……我が身が辛くとも、
愛する人が育てばいいではないか。
同じ轍を踏ませぬように！

喜びは一瞬！
感謝は永遠！
右手で援助をもらい
左手にハンマーを握り
高くかざすことなく、反省と奉仕
心豊かに！
恩をあだで返すことのないようにいつも心に！

本当の笑顔というものは

目で決まる
手のひらを口元に当てて
目元を見れば
真心の目か、そうでない目かがわかるもの！
「目は口ほどにものを言う」である！

あなたは相手の長所を
利用したことがありますか？
人をほめなさい！
いいところを見つけなさい！
あなたの一言が人に喜んでもらえるのです
人の幸せとは
自己が重要だという感覚に浸れる時に感じるもの

もっと素直になって！
人の言うことに耳を傾けるようになったら
あなたは絶対に
良くなっていきます

運の強い人は一目でわかる！

世の中は天地人の三つにわけることができる
天とは頭
頭につやのない人は天の加護がない！
人とは顔
顔につやのない人は世間の加護がない！
地とは足
靴につやのない人は先祖の加護がない！

人は毎日、いつも清潔であること
人をひきつける味つけ！
前味
中味
後味
この味つけがつやを増す秘訣！

我に返れ！

君は怒る時、叱る時、手を上げる時
愛する人の立場に立っていますか？
もしかしたら
自分の立場で、自分の都合で、自分の感情で
行動していませんか？

そんな時こそ……
鏡に自分を映して
醜い自分を
覗いてほしいもの

そのうちにきっと
我に返ることができるだろう……
勝手は、自分が鬼のように映り、見える、はず……

思いやり

美しい富士と
美しいと思うものは
近くで見るより遠くで見ているのが花である！
人とのつき合いも同じ
つかず離れず
距離を置くといつも新鮮であり
それには寛容と思いやりの心を持つことである

ほめる時のプロセス！

一、その時は二人同時にしない。別々にして別な機会を持つこと
二、兄弟の場合は二人ともほめること
三、叱ることがほめることにつながる
四、苦しみがあって喜びがある
五、特定のところを具体的にほめること
六、失敗した時ほどほめてやること

すべてはＴＰＯが決め手である！

人との対話

すべてはテニスの技術と同じ
ストロークの場合はクロスに返すこと！
ボレーの場合はストレートに返すこと！

してみせて
言って聞かせて
させてみて
褒めてやらねば
人は動かぬ！
（山本五十六）

本書を書くにあたりぜひとも掲載したい言葉がありました。私自身がこの年齢になるまで、いつでも事あるごとに心に言い聞かせていた、そして子供や人に対しても言い続けていた言葉でした。
高校時代に山本五十六の著者を読んだ時に触れたこの言葉が、今も脳裏に焼きついているのです。あのような時代の中で、なぜそれほどに人という心に優しくなれ、かつまた人を生かすことに心をくだけたのか、今になってもわかりません。なんと心豊かで大きな人であったのかだけが、心の中から感じ取れるのです。

命令だけが絶対の時代の中でありながら、どうしてこのような言葉を発することができたのか、五十六さんに会えるものなら、ぜひ心底の気持ちを確認してみたいものです。

ちょっとひと休み

集中力をつける方法

右脳を鍛えること
合掌して
人差し指以外の指を組む
次に人差し指がくっつかないようにしていながら
頭ではくっつけ、くっつけと念じる
くっつかないように訓練すること

五円玉を用意して、腕を伸ばして
右手の親指と人差し指にはさむ
五円玉の穴から

三メートルぐらい先を覗く
グラグラしてはだめ
その時右目をつぶること

第五章

家庭、健康、学び

三健主義

一、心の健康（プラス思考で笑顔）
二、体の健康（運動で体調を保て）
三、財布の健康（貧すれば鈍す）

庭はパレット花は色（モネ）
青いバラは未知の色――秀司に贈る

庭は二人で、また子供がいるからこそであり、その庭はスタートの時は白いキャンバスであり、そのキャンバスに大きな夢を、パレットより絵筆をとって。二人の将来の願いと、実現と、幸せを、七色の虹のように夢の架け橋を描いてほしい。

またこの青という色は古代より日本人の憧れの色であり、秀でた色でもあるし、園芸家にとってバラの花の色の中で青という色は、未だ完成された色ではなく、この化学、科学、課学の進歩した世の中であっても、探求されているなんとも不思議な色であって、人の心を離さない、魅惑の色なのだ。

それは見方を変えれば、我が子の将来ともすり合わすことができます。

人々がこの憧れ、願い、捜し求める色の人に近づく努力と協力と教育力を惜しまず、温かく育んでほしい。何もお金をかけろということではない。生きた遣い方を。

モネという人を思うに印象派画家でありながら、言葉の印象派という才能である人と深く感じたし、直感力で生きた人であって、その直感力は親が何事にも自然に触れさせた、賜物と！

勇気に乾杯！

夫婦とは！――紀子に贈る

人生限りある中で
伴に仲良く
十言いたくても七や八
残りの二三は新鮮な出会いの時の緊張感
すこやかなる時も
病める時も
たがいに協力しながら添いとげるのが一番

妻とのつき合いこそ！

女性とのつき合いの基本と思え
足元をよく見て
そこで工夫し勉強すること
人を活かせるコツでもある！

おたがい
争わず！
真実をもって交わること！
相互《たがい》の認識に食い違いのないように！

ミセスの四つのS

ショッピング
スタディ
スポーツ
ソサエティー

君ならどう思う?

親として子供に！

つい叱ってしまう
理由を振り返って
本当にガミガミ叱るべきことだったか？
普段の子供の行動を見つめ直し
叱る回数を半分にしてみよう

叱り方を考えてみよう
本人の意思を尊重し
いけないことはいけない理由をきちんと話そう
自信の持てることを見つけ認めてやること

多くの人と一緒になって子育てをしよう

いろいろな体験をさせよう

打たれても親の杖

（打たれても憎くないということである）
しかし親は腹が立ってつい叱ってしまう
感情の杖はトゲトゲしくて痛いものである
子供は親に寛大
ガミガミ、クドクド叱っていると
親の顔色を窺う子になる
性格や体調、心の状態までも……

思いやりのある言い方をしたいもの！

夫婦のルールを守ろう！

子供に接する
怒るのではなく「叱る」でなくてはいけない
子供が一人のうちは意識していても
多人数になればそうもいかないかもしれないが……

小言は主に母親が言うのがベスト
父親はたまに！　カミナリを落とすのがベスト

子育て

子供は自分のものではない
神様からの預かりものと考えよ！

エゴではない純粋な愛で
愛さなければならない！

愛することの基本

自分の心の奥を見据えて
本能と愛、エゴの違いを見極めること！

子供はしつけるために叱っても
絶対に怒ってはならない！

一度、だめと答えたことは
なるべく撤回しないこと
そのためには
慎重にイエス、ノーの返事をすること

教育とは

教と育との使い分けに
十分気をつけること

「教える」とは
常識的なレベルから学問的なレベルまでの
いろいろな知識を授けること！

「育てる」とは
はぐくむと読める

母鳥のあたたかさをもって世話をし
一人前の鳥として
巣立てるように見守ることである
学校は教、親は育を担当すべきである
人まかせはダメ！

親よりの願い

知恵のある人
考える人
見識のある人であってほしい！

饅頭食い人形

饅頭食いは伏見人形です
子供が饅頭を二つに割り　両手に半分ずつ持っています

ある人が子供に質問しました
お父さんとお母さん、どっちが好き？
その子は持っていた饅頭を二つに割り
どっちが好き？　と聞き返しました
その時の姿を人形にしたものだそうです

人　生

終生勉強

我以外

皆、我が師

受験生に

無駄なことはやるな
長時間の勉強はやるな
きれいなノートは作るな
完璧な計画表は作るな
単語帳は作るな

三種の神器――教科書、一般常識、予備校の参考書

受験勉強の九か月間

九か月を三等分する

前期、中期、後期

序盤の三か月——中学校の教科書の復習

中盤の三か月——理解力の養成期間

終盤の三か月——暗記科目に集中する

この集中力と効果的学習法をマスターすること！

わずかでも飽きを感じたら

即、他の科目に切り替えること！

失敗

若い時に失敗することは問題ではなく
その失敗から何を学ぶか、の方がずっと大事である
成功するまでやれば
その間の失敗は単なるプロセスに過ぎない
いかに失敗を克服するか、である

失敗からの再起

失敗した時に
他の者に責任を被せている限り！
自分の成長はないということ
長い人生
失敗した時、苦しい時
自分に目を向けることさえ会得できれば
素晴らしい人生が待ち受けている！

人生は三H！　である

一H（ヘルス）――健康であること
二H（ハート）――心があること
三H（ハーモニー）――調和、和合できること

おけいこ

一日休めば、自分にわかる！
二日休めば、仲間にわかる！
三日休めば、他人にわかる！

好きな言葉は？
と問われたならば
人にわかりやすい
四字熟語で書き表そう！

東洋医学の考え方

頭の病気は身体で癒せ！
身体の病気は歌で癒せ！
とある

祈る心

仏に全身全霊こめて祈願することである
本人の心の中に
平安な心と、正しく生きる心と、さらに他を害さない心とが
芽生えてこなければ、真の祈りとはいえない
この正しい祈りこそ
一家の平和、安泰につながる、はず……

健康と食事の関係

朝の食事は金（一日の活力源）
昼の食事は銀（脳内活性源）
夜の食事は銅（生活習慣病予防源）

文字——バランスの良い書き方

こ・め・と・ら・る

右のひらがなは小さく書くこと！
文全体のバランスが良くなる！

困った時の解決策

自分の魂の波動が
困ったことを起こしたものである
考えを変えて、心を豊かに魂を向上させること！

悔しさ！　をバネに
それが自分の益となる
学問に王道なし！
この言葉を胸に！

繰り返しやれば
誰でもできる
自分が自分でなくなったみたいに
できてしまうから
何事もやり方が間違っていないか？　を考えよ！

計画とは
やるべきことを忘れないための
覚え書きに過ぎない
目的に対しては理想主義を！
手段に対しては現実主義を！

共感覚というもの

動きに合わせて、声を出すこと
記憶に残る他の感覚や運動を
結びつけて覚えることである！
何かを聞いて、歌に色が浮かぶ
その色を順番に、
自分が知っているものに当てはめること
動きに合わせて声を出すことである！

手当てとは

子供や愛する人の身に手を当てる（無の境地で）
これによって心が安らぎ
痛みのあるところには生体反応が反射的に発生し
気の交流が心の交流にもなる
手のひらや、相手の痛いところが
熱くなってくることを！

締めくくり！

親としての役割が果たせなかった思いをこの本の中に、精一杯の気持ちをこめて書きました。

夢の持続と挑戦と努力が！

昨日は夢、明日は幻、その間である今日という日は現実の世界であり、範囲と努力と希望という明るい一日である。今というありのままの自分の世界であり、進歩している自分であるか？　それとも泥沼をハイックバッテ苦悩している自分であるか？　それとも頑張っている自分であるかを確認し、チェックし、修正し、明日への夢ある自分の姿を立て直す絶好の日です。欠かすことのできない一日が今日という日であり、夢を持ち続けていれば、必ずや追いつけます。

理想と過去と現実の中で、昨日は過去という一日であり、理想という日は明日です。その間である今日という日が現実としての一日であり、この日を大切にし、自分を取り巻く環境や社会、生き方をどのようにすり合わせ、どう考え！　どう行動し！　どう見極めるか！　で時の間である今日という一日の過ごし方が変わるものです。この変わることに抵抗を持たず、素直になることも一つです。

昨日という一日の痛みと汗と涙を知ること、弱み、恥ずかしさ、その中から這い上がることができたならば、夢や希望や願いといったものはほぼ手中にしたも同然ですが、ただ掴んだだけでは確信、確実とは言えず、手放す結果になりかねない！　この確信、確実とは単なる一過性のものであってはならない！　この確信や確実もひらめきというインスピレーションの世界であり、その要素のかなりの部分を占めていることも事実ですが、その一つ一つの言葉の意味合いの中に、人知れず努力したこと、考えたこと、思い巡らせたことの実績があればこそ思い描くことが可能であって、昨日今日の一朝一夕では成し得ないことです。

「苦あれば楽あり、楽あれば苦あり！」で、人の文化、進化の根源をなすものは、陸海空のありとあらゆるものへのあくなき挑戦から、いや、初めはほんの少しの努力であったかも？　しれません。けれどそれは努力する人にとって苦しみではなく、チョットした工夫であったかもしれません。日本古来の能の世界でも、野外の青天井の下で舞われたものでした。やがて屋根がつき、その屋根を葺いた能楽堂というところまできたことも、天空というリスクの回避から来た人々の願いから発生し、到達したところ……ではないでしょうか。このお堂の出現は、能を舞う人、演じる人、またこれを取り巻く人達の、天候に左右されない中での夢の持続と挑戦と努力が実を結んだものであり、現代のいろいろなものの考え方、取り組み方に影響を与えていることでしょう。この地道な苦労と努力と執念というものを……。君はどう考えますか？

掴んだ幸せと感謝！

本を読むことも必要ですが、それ以上に読んだ本の内容を理解し、それを自分自身に当てはめ！　置き換え！　どういうものであったかを感じ取ることが大切です。一節一節には著者がその本の中で言い表せない心の秘密の鍵が大切に保存されていて、今後の自分というものが、必ず映し出されていて、重なり合った理想の自分が見えるはず！　この自分になるための一節の重要性というものに気づいてほしい。気づいてしまえば目標は手にしたのと同じことです。この目標に向けての日々の努力とチャレンジが自分を励ますことにもなり、すべては自分が決めたことと思えば苦はないはずです。途中であきらめることのないように、今ある自分というものをしっかり見つめ、オンリーワンを探し出し、夢ある自分を作ることです。それが自分の魅力として生きてくるものです。未来の自分の姿が見え、鼓動が、足音が聞こえてくるし、ワクワク、ゾクゾクする喜びが自分への贈り物と考えれば、日頃の疲れた体を優しく癒す、一服の清涼剤となることも確か！

特にお薦めの本として。

坂本竜馬を主題に書かれた、明るく壮大な夢のある歴史書を……。

人の生きる道、賢く生きる道を……。

また、勉強するなら、大久保利通の書かれた本を！　読んでみたらいいと思います。

ある人が言っていました。「昨日は夢、明日は幻である！」と。私はその間である今日という現実の日を考えるに、夢は良いことも、悪いことも、すべて空想の中であったと思い忘れることであるし、幻はまだ来ぬ仮想の中であり、夢という昨日をどのようにして今の自分として演出するかを考えることで、明日との間である今という現実の世界をいかに大切に生き、考え、行動し、対応し、改善し、改革して過ごすことができるかにかかっているものと信じます。

この一言一言の言葉達の中から、一つでもいい、今日一日の目標として努力してほしい。この不況の中で、不況だから仕方ないとあきらめている君！　でも、あるところにはあるのです。なぜ？　なぜ？　なぜ？　それはブランドと同じものなのです。生活の文化に基づいた高いクオリティ、技術の違いといったところであり、その差は思想、哲学というものが息づいているからこそなのです。自分自身が自信、ヤル気を失ってしまうとそれがウイークポイントとなり、その差が大きくものをいうのです。それには今、何が問題であるか？　今、何が原因か？　今、今、今、何がと考えることにより、解決したも同然になります。

さまざまな視点で、この世の中、この自分の日々の動きに注意し、興味を持ち、聞いた話ではなく実体験をしてみることです。無限大である若き考えの自分の潜在能力をどのように引き出すかがポイントであり、それにはいろいろな刺激に触れることも必要です。この刺激は人の生き方でもあり、人と人との関わりを無視することはできないのです。

衣食住はもとより、身の回りのすべてのものに感謝し、自分に何ができるかを考えることが身の回りのすべてのものに対する恩返しでもあります。この感謝報恩が難しいのであって……。しかし理屈抜きに素直に行動すれば、その中から自分に合った生き方、過ごし方、暮らし方、自分にとって無理のない、肩肘張らない気楽なスタイルが見つかると思います。この先の世の中、時代の変遷を思うに、何一つ明るい話はないのが現実ですが、それも考え方一つです。この考え、願い、思いを決めた段階でその目的、目標に対することの達成に必要な問題をクリアするために障害となっている項目とその攻略方法はどのように、また最小限の労力と、達成を完遂するまでの細分化をいつまでにと、期限を明確にしてその達成状況をチェックします。

行動、実行が少しでも遅れていれば、その原因を分析し、先送りしないように修正案を二通り以上作り、自分自身にリスクを持たせ、理屈抜きに、裸になって、心から誓い願うこと。悩み、苦しみ、血の出るような努力を続け、その中から生まれたものが大きな遺産、財産となり教訓となり、病みつつある人の実相の対応方法という視点から生き方への教訓、いまや多くの人達が日常の生き方を知らない実情を、この本の中から苦しみ、悩みに直面した時の君の心の支えとして、また、支えとなることを……。

また自分から生きるという価値観をこの本の中の言葉達から、見つけ出してほしい。自分がこうだ！　そうだ！　という言葉を。この言葉達は偽りのない先人達の生活の中から自然発生的に生まれてきた言葉達であり、悩める人への問いかけに答える術となるでしょう。おたがいに相手の生活《くらし》や現状と認識など、世の人達は掴んだものは放すな！　と言うが、それは自分のものであっても自分一人のものにしてはいけない。握り締めてもいけない。なぜなら、と賢い人は言っています。

世の中順繰りであって、次の人に幸せを分けてあげられる心の余裕として受けとめ、次へのステップとして階段を一歩一歩上っていくことでもあり、そうすることにより次の幸せ、次の目標達が、次々と新しい自分の生きがいとして、明日への希望と努力と投資が、朝日の昇るごとく神よりの祝福として我が身にいただけるからです。そういう自分になれるように努めましょう。そうすれば自ずと、自分の生きる道も明道のごとくなり、足元が揺るぎなく、確実な目標、目的への道となり、荒れた道（苦悩の道）から、舗装された道（安定を約束された道）というチャンピオンズルートが保証されてくるのです。

目的や目標を達成するには、心への活、喝、勝を入れることです。自分は何を求めているのか？　を当然のことですがハッキリ決めること。その目的、目標に向かって近づくための的を決めること。そして日時を、達成日を、日程を決めること。それは自分の心に目前であるということを気づかせ、自分自身がその過程、行程の主役となる行動をすることから始まることを忘れないこと！

伊能忠敬は五十代半ばから自己実現のための努力を。カーネル・サンダースは六十五歳から人生のリ・スタートを切りました。サラリーマンの自己実現の一つは豊富なキャリアと幅広い人脈を活かして社会に貢献すること。人脈は財産、必ず必要となるであろうと長年培った無形有形の財産を大切にすることです。君は生涯、一つの仕事で終わる自分でいたいですか？　サラリーマンである限り、それは無理に等しいことであり、自分の意図することからかけ離れていることが多いはずです。このことから自分の姿へのすり合わせとして、自己実現をするために、君は何を思いますか？　何をしますか？　何を考えますか？

第二、第三のビジネスライフと活動は、決して高望みせず、自分の目線に合わせて、自分の身になって、自分の生活リズムにマッチした目標、目的であれば楽にスタートが切れるものです。楽にやれることが一番。良いやり方を選べるようなさまざまな望みの中であっても、ニーズは常に変化するものです。これからの時代はニーズでなく、ウォンツの時代ですよ！

君は何を望みますか？

三つの言葉の大切さ――あとがきに代えて

這えば立て、立てば歩めの親心

昔から、親の願いとして大切にされてきています。
この本の中では、三つの独立していながらも、
言葉として関連した意味を持った格言を多数使って、
関わりを意識しているところを理解してほしいし、
ダジャレの要素も多く、考え方も心に余裕を持って！
自分の生き方に照らし合わせてみては……。
すべてに愛を持って三つの言葉を大切にしてほしいです。

愛　サンサン　太陽　サンサン

長嶋　サンサン

君は心が温かくなりました?
すべてが憧れの言葉なのです!

愛とは——心の持ち方
太陽とは——すべてに目的を持つこと
長嶋とは——自分の取り巻きとなる人を持つこと

それはすべてに輝き、明るさから来るものと考えてほしい。
自分次第ということを!

平成十七年二月吉日　著者

著者プロフィール

間 幸雄（はざま ゆきお）
1948年生まれ、神奈川県横浜市出身。

昨日と明日の間《はざま》で—愛する人に思いをこめて

2005年4月15日　初版第1刷発行

著　者　間　幸雄
発行者　瓜谷 綱延
発行所　株式会社文芸社
〒160-0022　東京都新宿区新宿1－10－1
電話　03-5369-3060（編集）
03-5369-2299（販売）

印刷所　株式会社平河工業社

©Yukio Hazama 2005 Printed in Japan
乱丁本・落丁本はお手数ですが小社業務部宛にお送りください。
送料小社負担にてお取り替えいたします。
ISBN4-8355-8921-1